Dein Licht hat die Nacht in ein Morgen verwandelt

Fotos von Conrad Contzen
Texte von Wolfgang Poeplau

Schriftenmissions-Verlag, Gladbeck
Agentur des Rauhen Hauses, Hamburg
Christophorus-Verlag, Freiburg

Klage

Ich bin wie ein zerbrochenes Gefäß

Psalm 31,13

Nein, ich habe mir nicht ausgesucht,
unter diesem Himmel zu leben,
auf dieser kargen Erde, wo alles Mühe ist
und nichts Geschenk.
Alles in mir sträubt sich gegen den Ort,
der mir zum Leben bestimmt wurde.
Ich bin wie ein Verbannter, ein Gestrandeter,
ausgesetzt auf einer Insel im Weltenall.
Ausgesetzt einem ungewissen Schicksal,
von Fragen und Zweifeln gequält:
Woher? Wohin? Wie lange noch?

Wo ist ein Haus, wo ist Heimat für mich,
wo bewohnbares Land in dieser Einöde?

Die Berge ruhen in sich selbst,
die Ströme finden ihren Weg,
die Wolken kommen ans Ziel.

Ich kann nicht fliehen.
Ich bin umschlossen von Grenzen,
bin eingeschlossen in ein Oben und Unten,
in ein Gestern und Morgen,
bin eingeschlossen in einen sterblichen Leib.

Wäre ich ein Grashalm,
ich fände einen Ort zwischen Fels und Stein.
Wäre ich Wasser, ich würde einen Weg mir bahnen.
Wäre ich Feuer, mein Leben fände Nahrung.

Ich aber bin wie
ein zerbrochenes Gefäß, zu den Scherben geworfen.
Auf meine Klagen achtet niemand.

Ich bin ein Fremdling für Dich, ein Heimatloser, der an Deine Türe pocht

Psalm 39, 13

Ich bin ein Fremder geblieben in dieser Schöpfung.
Ich weiß vom Weg der Zugvögel über die Kontinente,
von den Wanderungen der Fischschwärme,
vom Bogen der Sterne am Firmament.

In die Tiefe der See und in das Weltall
bin ich vorgedrungen.
Ich kenne die Struktur der Pflanzen,
die Skelette der Urwelttiere
und die Gesetze der Atomelemente.

Ich weiß, warum der Fluß den Himmel spiegelt
und Gräser wachsen auf nacktem Gestein.
Den Regenbogen habe ich entzaubert
und das Farbenspiel der untergehenden Sonne.
Den Sturm, der über die See dahinfährt,
habe ich in seiner Stärke gemessen
und längst ist mir bekannt
der Schmelzpunkt des Gletschereises.

Vieles weiß ich,
aber verstanden habe ich nichts:
Das Klagen der Regentropfen,
den Weg des Adlers am Himmel,
den Weg der Schlange über steinigen Fels,
den Weg eines Mannes
mit einer jungen Frau.

**Still und stumm wurde ich und schwieg ohne Widerspruch.
Doch da bäumte mein Schmerz sich auf**

Psalm 39,3

Ich habe Angst vor der Stille.
In Selbstgesprächen stelle ich mir Fragen
und quäle meinen Verstand.
Meine Gedanken irren im Kreis.
Vieles ist unsagbar, alle Worte brauchen sich auf.

Ich bin verstummt. Das Schweigen ist mein Hausgenosse.
Es sitzt mir bei Tisch gegenüber, es ißt mein Brot,
es schaut mich an aus den Spiegeln.

Ich kann nicht schreien.
Die Stille schnürt mir die Kehle zu,
lastet auf mir wie ein Berg.

Kann man mit den Gräsern reden, mit den Steinen?
Geben die Gebirge Antwort oder spricht eine Quelle?
Ich lausche in die Ferne und vernehme keinen Laut.
Ich taste nach innen und komme an kein Ende.
Ich verliere mich in meinem Schweigen
wie in einer Höhle.

Würde ich an Grenzen stoßen, hätte ich Gewißheit.
So aber werfe ich Steine in den Brunnen,
seine Tiefe auszuloten,
und warte vergeblich auf ein Echo.

In mir ist das Schweigen des Alls,
die atemlose Stille zwischen den Gestirnen.
In mir ist nichts, was noch Worte findet.
Die Kammern meiner Sprache sind gereinigt
mit eisernem Besen wie zur Ernte.
Zermahlen werde ich zu
Sprachlosigkeit.

Sag mir, Herr,
wann mein Ende kommt.
Wieviele Tag habe ich noch?

Du hast mir nur eine kurze Spanne zugemessen,
und meine Lebenszeit ist ein Nichts vor Dir.

Nur ein Hauch ist jeder Mensch!

Wie Schattenbilder gehen wir einher
und häufen Reichtum an
für nichts und wieder nichts ...

Was haben wir noch zu hoffen?

Längst bin ich verstummt
wie ein ängstliches Kind.
Hilf mir, Herr,
mach mich nicht zum Gespött der Leute!
Nimm Deine Plage von mir,
denn ich muß vergehen unter Deiner Hände Wucht.
Du strafst die Menschen
und läßt sie büßen für ihre Schuld;
darum verfliegen menschliche Größe
und menschlicher Hochmut wie Schaum.

Immer wieder erkenne ich:
Nur ein Hauch ist jeder Mensch!

Psalm 39

Wenn das Weizenkorn nicht in die Erde fällt und stirbt, bleibt es allein. Wenn es aber stirbt, bringt es Frucht

Johannes 12, 24

Ich bin nackt.
Meine Sicherheiten waren nichtig,
mein Wissen ein trügerisches Marschgepäck,
meine Gedanken sind voller Fallstricke.

Bis in die Poren hinein spüre ich:
Ich bin ausgedrückt wie ein Schwamm.
Alle Worte sind mir fortgenommen.
Was ich in Händen hielt, mußte ich loslassen.

Jetzt bin ich auf den Knien, im Staub,
fast gestaltlos, von Schmerzen gequält.
Ich muß mich loslassen,
muß zurück zur Erde, von der ich genommen bin,
muß einen Tod sterben, um neu zu werden.

Meine Seele ist von Asche bedeckt,
unter Lavagestein erkaltet und erstarrt.
In mein Herz sind Spuren eingegraben
wie von Pflugscharen.
Unauslöschlich tief.

Unter meinem Herzen aus Stein,
unter meiner Aschenseele,
fließt noch ein dunkler Strom,
ist noch Glut wie in einem Feuerofen,
sind noch Erinnerungen, Träume wach.

„Ich bin nicht der, für den ihr mich haltet"

Ich bin noch nicht geboren.

Traum

**Wie ein Garten wirst du sein, wie eine Quelle,
die nie versiegt**
Jesaja 58,11

Fern im Westen liegt,
allen Seekarten und Plänen zum Trotz,
ein Land, das die Fischer und Fahrensleute
ohne Sextant und Kompaß finden.

Eine Insel vielleicht — wer weiß?
Ein Land, das zu keinem Kontinent gehört,
weit draußen und doch so nahe,
daß eine einzige Flut genügt, um hinüberzugelangen.

Dein Land!
Du hast es oft besungen.
Es muß traumwärts liegen, der Hoffnung nach.

„Du wirst es mit deinen Händen formen
wie dunklen Ton auf der Töpferscheibe.
Dann wirst du durch ein Feuer gehen,
das dich brennt und härtet.
Es wird Frühling sein, wenn du neu wirst.

Du wirst ein weites Gewand tragen wie das Meer.
Ein Festgewand aus weißer Spitze,
von Sonnenstrahlen geflochten.
Unbeschuht sind deine Füße.

Dein Haus wird hell sein wie der Himmel.
Die Tür wirst du aus den Angeln heben für mich."

Das sagt man auf den Inseln
und überall dort, wo die Erde niedrig ist
und das salzige Meer das Land umarmt.

Der Herr wird sammeln die Versprengten Israels;
die Zerstreuten holt er heim von den Enden der Welt
Jesaja 11,12

Wir entfernen uns voneinander.
Wie die Sterne, wie die Materiewolken und Gasnebel,
die auseinanderstreben und das All wachsen lassen,
so entfernen wir uns. Der Abstand wächst unmerklich
und dennoch stetig wie der Abstand der Kontinente,
die Jahr für Jahr weiter auseinanderrücken.

Wir nehmen täglich Abschied.
Jeder geht seinen Weg.
Wir verlieren uns aus den Augen und merken es nicht.
Was die Erinnerung festhält, wird uns fremd mit den Jahren.

Fern der Tag, als alles eins war,
alles versammelt in einem Punkt, in einem Augenblick,
alles zugleich und einzig,
verschmolzen zu einem Gedanken.

Wir entfernen uns voneinander.
Die Zeichen, die wir tauschen, sind stumm.

Wir müssen zurück von den sich
scheidenden Bahnen, müssen die Umkehr wagen,
zurück zum Ursprung, zu uns selbst.
Zurück zur Erde, zur Materie, zur Mutter des Lebens.
Zurück zu Feuer, Wasser, Luft, zu den Elementen.
Umkehren und den Heimweg antreten.
Umkehren und den steinigen Weg einschlagen.
Umkehren und gegen den Strom schwimmen,
gegen den Wind gehen.

Dann werden wir uns wieder begegnen.

Wo warst du,
als ich die Erde schuf?
Gib mir Antwort,
wenn du etwas weißt.

Hast du in deinem Leben
je den Morgen heraufbefohlen,
dem Frührot seinen Platz gezeigt?

Bist du vorgedrungen
an die Quellen des Meeres?
Hast du in die Tiefen
des Ozeans geschaut?

Kamst du zu den Speichern des Schnees,
und sahst du die Kammern des Hagels?
Hast du die Rinne
für die Regenflut gegraben,
das Gletschereis in deinem Schoß geboren?

Kannst du die Fesseln
des Orion lösen,
der Sterne Ordnung überschauen?
Des Himmels Zeichen,
hast du sie verstanden,
die Schrift der Sterne
auf die Erde übertragen?

Sag mir:
Wer bereitet dem Raben
sein Futter,
wenn seine Jungen schreien zu Gott,
wenn sie umherirren
von Hunger getrieben?

Iiob 38

Allen Tieren gibst Du Trank,
Gras läßt Du sprossen für das Vieh,
Getreide schenkst Du den Menschen.
Wein und Brot bringt die Erde hervor
zu unserer Freude.

In die Täler entsendest Du tosende Wasser.
Die Bäume trinken sich satt
an den Flüssen.
Sie schlagen aus und wachsen empor,
wachsen empor wie die Zedern des Libanon,
die der Herr pflanzte.

Wie ungeheuer vielfältig ist
Deine Schöpfung, Herr!

Alles hast Du weise eingerichtet.
Die ganze Erde ist Dein Eigentum.

Verbirgst Du Dein Angesicht,
so wird alles erschüttert
und welkt dahin.

Sendest Du Deinen Geist aus,
so wird alles neu
und die Erde erblüht.

Öffnest Du Deine Hand,
so werden wir satt an Gutem.

Psalm 104

Betrachte die Erde, daß sie dich lehre.
Iiob 12,7

Der Fluß hat kein Ziel.
Wo er im Boden versickert, sich in Felsspalten verliert,
Moos und Flechten netzt, endet sein Weg ohne Wiederkehr.

Nur ich frage nach Ziel und Richtung,
frage nach Zweck und Nutzen,
suche Sinn im scheinbar Sinnlosen.
Ich ertrage nicht ein Ende, das so ohne sichtbare Spur,
ohne Bleibendes, ohne Nachwirken ist.
Ich will sehen, daß mein Weg, mein Vorwärtsschreiten,
mein Mühen nicht vergebens getan, erlitten wurde.

Was aber ist der Lohn des Flusses?
Warum die Mühe des Hervorbrechens aus der Quelle,
aus dem Mutterleib der Erde?
Mit welcher Absicht der Sturz über Felsen,
das schmerzhafte Fallen und Aufgerieben-Werden?
Wozu der lange Weg,
das mächtige Sich-Füllen zur Frühlingszeit,
wenn im Sommer die ausgedorrte Erde
begierig trinkt?
Und alles, um im Nirgendwo zu enden,
in einem grünen Sarg, zwischen Moos und Flechten?

Ich schaue lange, und die Zeit verrinnt kaum merklich.
Die Wolken ziehn mit großem Ernst.
Des Flusses Wesen ist nur Fließen,
und ein kurzes Stück des Weges
Spiegelbild des Himmels sein.

Nicht du trägst die Wurzel, sondern die Wurzel dich
Römer 11,18

Das satte Grün läßt mich erschrecken.
In verschwenderischer Fülle ein Teppich von Moos,
ein Meer der Ruhe.
Kein menschlicher Fuß, der hier einen Schritt getan.
Ein immerwährender Schöpfungsmorgen,
eine heilige Stätte.

Im Grunde meiner Seele bin ich dem ähnlich.
Bin verschwenderische Fülle, bin ein Meer,
ein tiefes Grün.
Im Grunde meiner Seele bin ich unberührt wie ein Spiegel.

Ich sehe,
aber mein Blick ist verstellt
von Eitelkeit und Hochmut:
Bin ich nicht mehr als das Gras, das am Morgen blüht
und am Abend verwelkt ist?
Bin ich nicht mehr als der Fluß,
der seine Fluten in die See entläßt?
Bin ich nicht mehr als ein Windhauch?
Ist nicht alles nichtig außer mir?

Mein Herz drängt stets nach Neuem.
Vorwärts will ich ohne Anzuhalten.
Gibt es einen Ort des Bleibens?
Lockt nicht stets das Unbekannte?

So, den Blick in die Ferne gerichtet,
zerstört mein Schritt, was vor den Füßen liegt.
So, das Auge verdunkelt von Leidenschaften,
zerstöre ich mich selbst.

Gott ist alles
und in allem.

Er ist der,
welcher alles erkennt.
Er weiß um das Kommende;
Vergangenheit und Zukunft
treffen sich in ihm.
Er löst die Rätsel
unserer Existenz.

Seine Weisheit
kommt von niemandem,
er braucht keinen,
der ihn lehrt.

Seine Werke
sind unbeschreiblich.
Sie zu betrachten
ist ein tiefer Genuß.
Alle Dinge sind verschieden
voneinander,
und doch fügt sich alles
in das Ganze ein.

Nichts ist entbehrlich,
nichts ohne Wert.
Alles ist
füreinander angelegt.

Wer wird je satt
diese Schönheit anzuschauen?

Jesus Sirach 42,15

Wo euer Schatz ist, da wird auch euer Herz sein
Lukas 12,34

Ich bin wie ein Mann,
der einen Schatz findet auf offenem Feld:
Er deckt ihn zu, geht voll Freude hin
und kauft das Land, das solchen Reichtum birgt.

Das Land, das solchen Reichtum birgt? Wo liegt es?
Ist nicht alles verborgen, ist nicht jede Suche sinnlos?
Wo anfangen und wo enden?

Ich habe einen Traum gehabt:
das Land ist innen.
Der Schatz ist dort, wo auch mein Herz ist,
ist verborgen in meiner Seele,
ist verschüttet unter Sorgen und Alltagsdingen.

Das Land ist innen.
Ich habe den Schatz entdeckt, den ich mit mir trug.
Er ist in mir, und ich
war seiner nicht bewußt.
Reich an Äußerlichkeiten, schien es mir
mühsam, nach ihm zu suchen.
Jetzt, arm geworden und demütig, erkenne ich,
daß nur er allein Wert besitzt.
Jetzt ist es Zeit, hinzugehen und das Land
Besitz werden zu lassen, ein Haus darauf zu bauen,
Heimat zu finden.
Ich bin reich, ich lebe aus der ganzen Fülle.
Ich habe das Land gefunden.

**Meine Gedanken sind nicht eure Gedanken,
und eure Wege sind nicht meine Wege**
Jesaja 55,8

Die Grenzen der Welt sind in mir.
Nicht irgendwo im All,
nicht jenseits der Sternsysteme und Milchstraßen,
wo die Reichweite der Radioteleskope sich erschöpft,
nicht hinter mathematischen Formeln und Theorien.

Die Grenze zwischen dieser Welt
und einer anderen Wirklichkeit
verläuft mitten durch mein Sein.
In mir ist jener Riß, der trennt,
der Unterscheidung schafft zwischen Diesseits und Jenseits,
Gestern und Morgen, Leben und Tod.

Ich lebe im Zwiespalt eines geteilten Bewußtseins.
Halb noch stehe ich im Haus der alten Schöpfung,
halb schon im Hochzeitssaal des Lammes.

In mir findet das Alte ein Ende,
in mir hat schon das Neue begonnen,
das Reich Gottes.
Ich bin ein Hinübergehender,
ein Wanderer zwischen den Welten.

Ich bin wie jemand, der in die Fremde geht,
um eine Heimat zu suchen und dabei sein Zuhause vergißt.
Ich bin wie ein Kind, das von Neugier getrieben
den Arm der Mutter verläßt und nicht zurückfindet.

Stückwerk nur ist unser Erkennen

1 Korinther 13,9

Die Dunkelheit, die mich am tiefsten berührt,
die mich am meisten schmerzt, ist in meinen Gedanken.
Die Grenzen, an denen ich mir den Kopf stoße,
sind die Grenzen, die mich trennen von Dir,
die es mir verwehren, Dich zu begreifen, zu verstehen,
Dir nahe zu sein.
Alle meine Vorstellungen von Dir sind falsch.
Die Bilder, die ich mir mache,
sind Zerrbilder.
Immer suche ich Dich weit fort von mir,
doch Du umfängst mich ganz
mit Deiner Gegenwart.
Du bist ein Rätsel — ich Deine Lösung.
Wie soll ich Dich je verstehen,
wenn ich mich selbst so wenig begreife?

Zärtlichkeit

Bis der Tagwind weht und die Schatten fliehn.
Hohelied 2,17

Nie werden die Wellen müde,
den Strand zu netzen.
Langsam, die Jahrhunderte vergessend,
wäscht die Flut die Kiesel glatt.
Zärtliches, immerwährendes Spiel.
Steter Versuch, Land zu betreten, Fuß zu fassen
im Unbekannten.

Wer das könnte:
Mit leichtem Herzen fassen und lassen,
festhalten und wieder freigeben!
Niederlagen ohne Resignation ertragen,
Neuanfang ohne Verbitterung,
„Kämpfen ohne Lärm, Siegen ohne Übermut."

Eine Hoffnung durchhalten,
die zu Langmut befähigt, zu Duldsamkeit,
zur Milde und zum Lächeln.
Zärtlichkeit als Widerstand
gegen das Unverrückbare, das Festgefügte,
das Verhärtete.
Zärtlichkeit als Antwort
auf Zwänge und Bedrohungen.
Frei werden im liebevollen Umgang
mit der Welt,
mit den Menschen.

Für Silber gibt es einen Fundort,
eine Stätte für Gold.
Eisen wird aus der Erde gewonnen,
Gestein zu Kupfer geschmolzen.

In die Felsen sprengt man Stollen,
durchforscht das Dunkel
und bringt Wertvolles ans Licht.

Die Weisheit aber — wo findet man sie?
Die Einsicht — wo ist sie zuhause?

Der Mensch kennt
keinen Weg zu ihr.
In der Tiefe des Meeres
ist sie nicht zu finden,
sie läßt sich nicht
erkaufen mit Gold
nicht abwägen mit Silber.

Gott allein
kennt ihre Stätte,
er weiß den Weg,
er hat sie durchschaut.

Darum:
zu Gott gelangen — das ist Weisheit
und:
Böses meiden — das ist Einsicht.

Iiob 28

Und wenn ich alle Geheimnisse weiß und habe ganze Erkenntnis und den ganzen Glauben, so daß ich Berge versetzen kann, habe aber die Liebe nicht, so bin ich ein Nichts

1 Korinther 13,2

Nur durch Liebe kann man die Welt begreifen.
Wer den Flug der Möven verstehen will,
ihre Zeichen am Himmel, ihre Spiele,
der muß schauen und erleben,
im Gras liegen bei Wind und Wetter,
muß Sommer und Winter gleichermaßen ertragen und erfahren.

Wer die Welt begreifen will,
braucht mehr als Bücher und Wissenschaft,
denn Forschen und Denken haben ihre Grenzen.
Wer die Welt begreifen will,
der muß leben in dieser Welt, sie bejahen,
sie lieben in ihrer Unvollkommenheit.

Wer den Menschen begreifen will,
muß mit Leib und Seele lieben,
muß sich hineingeben
mit seiner ganzen Person, mit Körper und Geist.

Wer einen einzigen Menschen liebt, wird alle lieben.
Denn wer wirklich liebt, ist sich selbst gestorben.
Er wächst in ein neues Leben hinein:
Die Vögel des Himmels sind das Leben Gottes.
Die Blumen auf dem Feld sind das Leben Gottes.
Geburt und Tod sind das Leben Gottes,
sind Zeichen der Liebe.

**Ehe die Berge geboren wurden,
ehe Erde und Weltall entstanden,
warst Du, mein Gott!**
Psalm 90

Kein Baum gleicht dem anderen, kein Halm einem zweiten,
kein Felsen dem nächsten Felsen. Nichts gibt es zweimal
auf der Welt, nichts wiederholt sich.
Alles ist einzigartig und neu —
ein Schöpfungsmorgen ohne Ende.

Noch immer entsteht die Welt, noch immer wird sie geschaffen,
denselben Gesetzmäßigkeiten folgend,
voll Harmonie und Anmut, ähnlich der uns vertrauten
Welt und dennoch anders.
Die Schöpfung wandelt ihr Gesicht, um Gott ähnlicher zu
werden. Die alte Erde wird umgegraben für neue Saat.

Nichts von allem, was geschaffen wurde, ist häßlich.
Alles ist von der Herrlichkeit Gottes durchdrungen.
Kein Naturgesetz widerspricht seinem Willen,
kein Elementarteilchen existiert ohne seine ordnende Kraft.
Farben und Formen sind Widerschein seiner Schönheit.

Was meine Augen sehen und nicht durchschauen,
was ich höre und nicht verstehe, was ich ertaste und dennoch
nicht begreifen kann — all das ist geheimnisvolle Gegenwart Gottes.
Jeder Stein singt das Lob des Schöpfers.

Alles
hat Gott
durch Christus
geschaffen,
alles
findet in ihm
sein Ziel.

Er war vor allem
und durch ihn
hat alles Bestand.
Er ist der Anfang
des neuen Lebens,
der Erste,
der von den Toten
auferstanden ist.
In ihm
wird alles Geschaffene
zum Frieden mit Gott
zurückfinden.

Kolosser 1,16

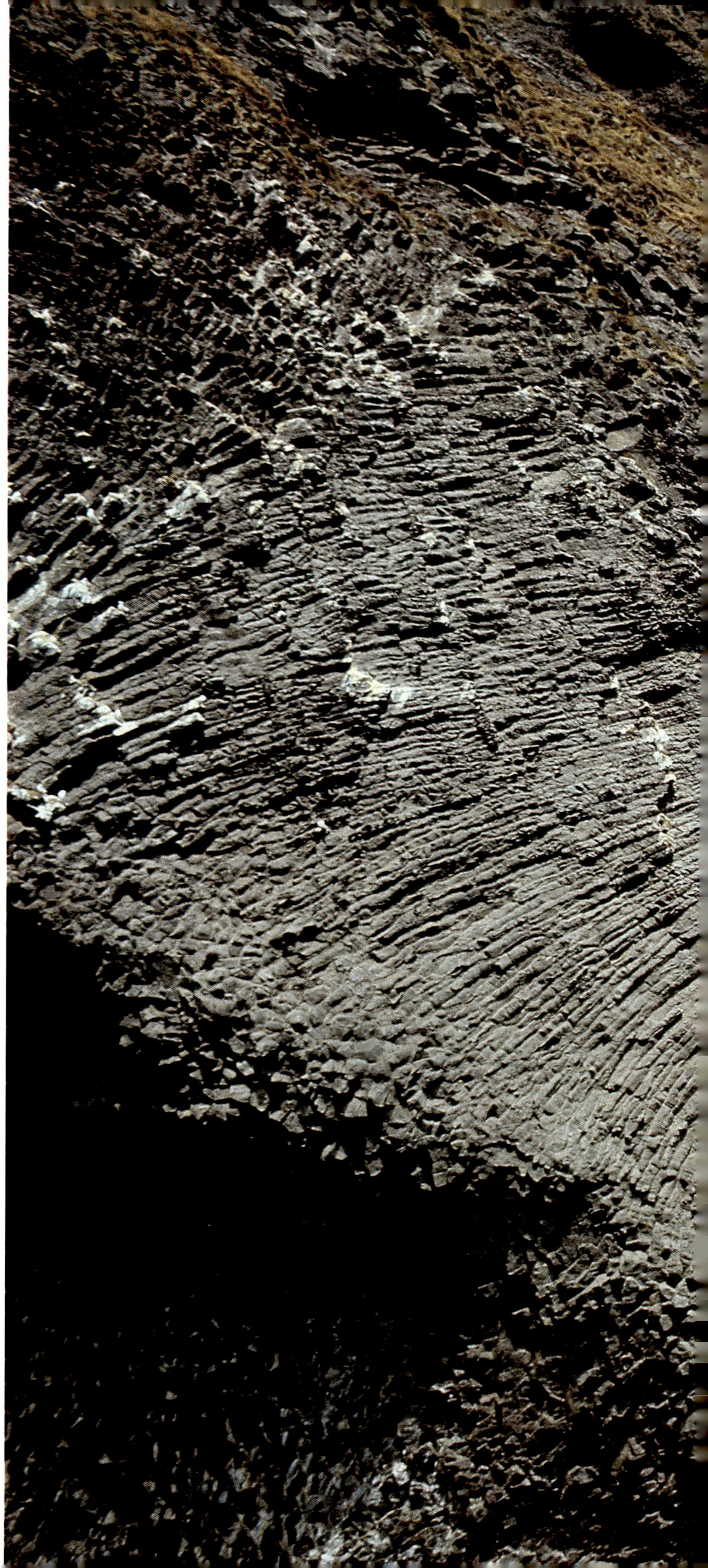

**Nur wer geboren wird aus Wasser und Geist
kann in Gottes neue Welt gelangen ...**
Johannes 3,5

Manchmal bin ich Feuer, will brennen, leuchten,
mich verzehren, will Glut sein und Wärme spenden.

Dann wieder bin ich Wasser, will ruhig fließen und strömen,
Klarheit gewinnen und Tiefe, will auf ein Ziel zu.

Immer lebe ich im Zwiespalt. Unvereinbare Widersprüche
und Gegensätze beherrschen mein Denken: Jäger oder Gejagter,
Fisch oder Angel, Feuer oder Wasser ...

Ich möchte Grenzen überwinden, Widersprüche lösen,
Gegensätzliches vereinen. Was getrennt ist,
möchte ich zusammenführen, was im Streit liegt, versöhnen.
Das Fremde möchte ich vertraut werden lassen,
vom Vertrauten Abschied nehmen können.
Immer will die Liebe das scheinbar Unvereinbare vereinen.
Alles strebt nach Harmonie, nach dem Miteinander-Eins-Sein.
Die ganze Schöpfung liegt im Schmerz der Trennung:
Die Wüsten rufen nach Wasser,
um blühende Gärten zu werden,
die Gletscher sehnen sich nach Sonne,
um aus der Starre zu erwachen.
Wo sich Gegensätzliches berührt,
da entsteht aufregend neues Leben.

Noch lebe ich im Zwiespalt,
bin uneins mit mir selbst.
Ich muß verwandelt werden,
die Taufe empfangen von Wasser und Geist.
die Taufe zu einem neuen Leben, das alle Gegensätze überwindet —
Feuer und Wasser — Himmel und Erde — Leben und Tod.

Kannst Du noch etwas für die Toten tun? Gibt es noch Wiederkehr für jene, die die Erde aufnahm in ihren Schoß, die das Schweigen umfängt?

Psalm 88,11

Ich bin vergänglich.
Meine Jahre sind gezählt.
Sie sind nur Augenblicke gegen die Jahrtausende,
die Felsen formten, Spuren in Granitstein gruben.

Mein Leben ist ein Hauch, verglichen mit der Brandung
des Meeres, verglichen mit den Phasen des
Mondes.
Zeit zählt nicht, wenn Flechten die Steine färben,
Zeit zählt nicht, wenn die Gletscher schmelzen.

Alles wird so sein wie jetzt, wenn ich längst nicht
mehr bin. Alles wird sich fortsetzen.

Mein Leib wird zu Staub werden,
gleichgestaltet der Erde, von der ich genommen bin.
Ich zerfalle zu Asche, bin ohne Gestalt.

Meine Seele aber — so vertraue ich —
wacht auf zu neuem Leben, neuer Blüte.
Asche wird fruchtbar,
Du, Herr, wirst mich auferwecken.
Du bringst meine Klagen mit und meine Träume
und bereitest mir eine Wohnstatt,
wo das Leben ohne Ende ist.

Der Herr
bringt mir Licht.
Er ist mein Heil,
vor wem soll ich bangen?
Der Herr
ist sicherer Schutz,
wovor soll ich erschrecken?

Er birgt mich
unter dem Dach seines Hauses,
in Zeiten des Unheils
gibt er mir Zuflucht
in seinem Zelt.
Er bringt mich
auf Felsenhöhen in Sicherheit.

Selbst wenn Vater und Mutter
mich verlassen,
nimmt der Herr sich meiner an.

Lehre mich,
Herr,
Deine Wege
und leite mich den rechten Pfad.
Gib mich nicht preis
der Willkür meiner Feinde.

Herr,
ich glaube fest,
das Glück zu schauen
im Lande der Lebendigen.

Psalm 27

Im Hause meines Vaters sind viele Wohnungen

Johannes 12,2

Ich bin zuhause. Die Unwegsamkeiten meines Lebens,
die Abwege und Nebenstraßen, die Irrwege und Pfade,
die im Nichts enden: Alles sind Wege zu Dir.
Alles war Abschied — alles wurde Wiederkehr.

Sehen mit neuen Augen, mit hellem Blick,
mit Zärtlichkeit und Staunen.
Verweilen, ohne besorgt zu sein, fortgehen zu müssen.
Im Einklang leben mit der Schöpfung,
mit uns selbst.
Die Erde lieben mit Leidenschaft.
Ein Haus bauen auf einem Berg, wo der Blick weit
hinausgeht und kein Ende findet.
Uns niemals sattsehen können.

Die Pfeiler des Hauses verankern in der Wirklichkeit.
Lernen, Fenster und Türen zu öffnen und zu schließen
zur rechten Stunde,
daß,
wenn der Sturm über uns hinweggeht,
das Licht in unseren Herzen nicht verlischt.

Bildlegenden

Wissenschaftliche Erläuterungen
durch Prof. Dr. WOLFGANG HARTUNG
(Oldenburg in Oldb. und Universität Münster)

TITELFOTO *Aschenwolke vom Hekla-Ausbruch 1980*
Aus den weißen Dampfwolken vom Anfang des Vulkanausbruchs, und ersten feurigen Lavafontänen, quellen die schwarzen Wolken hoch geschleuderter Asche. Ihr Staub hängt in der Luft und verschleiert die Sicht, der Wind verdriftet ihn und bestimmt mit seiner Richtung die Verbreitung des Aschenfalls. So machte sich bei diesem Ausbruch sehr bald der Aschenfall an der Nordküste in der Stadt Akureyri bemerkbar. Frühere Ausbrüche der Hekla waren mit der weiten Verbreitung von Aschenmassen auffallend hellgelber Farbe verbreitet (ein heller kieselsäurereicher Anteil bei den Eruptionen). Es ist interessant, die jungen tiefschwarzen Blocklavaströme auf der Fläche dieser älteren hellgelben Asche an der Hekla verlaufen zu sehen.
Die vulkanische Tätigkeit der Hekla reicht weit in die vorgeschichtliche Zeit zurück. In der historischen Zeit seit der Landnahme 877 nach Chr. Geb. sind es mit diesem letzten 16 Ausbrüche in recht verschiedener Stärke. Der schwerste in historischer Zeit war 1104, der letzte große Ausbruch 1947. 30 km hoch stieg damals die Aschenwolke auf und 51 Stunden später war der Aschenfall in Finnland bei Helsinki spürbar. Die Ruheperioden zwischen den Ausbrüchen währten um ein oder ein halbes Jahrhundert. Zuletzt mit 1947, 1970 und 1980 sind die Abstände kürzer, aber auch die Ausbrüche schwächer. Alle aber kamen sie völlig überraschend und durch keinerlei Anzeichen vorbereitet.

SEITE 3/4 *Luftbild einer Insel im Thingvallavatn*
Mit ihren grünen sanft geschwungenen Formen gehört diese aus der Wasserfläche des Thingvallavatn herausschauende Insel zur ,,Palagonitformation", ist also diese erdig verwitternde Tuffmasse, die unter Wasser bzw. unter Eis durch Vulkanausbrüche hervorging. Aber auch diese Insel formt in sich einen Kratersee.

SEITE 5 *Rote Schlacke und gelbe Schwefelabsätze am Kraterrand des Eldfell auf Heimaey*
Die Besteigung des 215 m hohen Vulkans Eldfell wird zum unmittelbaren Erlebnis des vulkanischen Geschehens. Am Rand, ja beinahe noch in der Stadt Vestmannaeyar brach hier am 23. Januar 1973 eine Vulkanspalte auf. Aus ihr stieg beim Abschluß der Eruptionen im Juni 1973 der Eldfell als neue Vulkankuppe auf. Wie ein Zwilling steht nun diese neue Kuppe neben dem 226 m hohen Vulkan Helgafell. Hier steigen noch jetzt die Dämpfe auf, schwefligen Geruch ringsum verbreitend. Beim Betreten der Asche ist stellenweise noch durch die Schuhsohlen die Hitze der Tiefe zu spüren, und auf dem Kraterrand umgeben uns die Farben der rot gebrannten Schlacke und die gelben Ausblühungen aus den schwefligen Dämpfen.

SEITE 7 *Landmannalaugar*
Auch hier bei Landmannalaugar trifft man auf heiße Quellen, wie bei diesem Gewässer des Bildes. Interessant und abwechslungsreich ist hier aber die Landschaft durch ihre Vielfarbigkeit der Gesteine. Zwischen den basaltischen kieselsäurearmen und daher dunkelfarbigen Ergüssen stellen sich kieselsäurereiche ,,rhyolithische" und damit hellfarbige Laven ein, die z. T. mit rötlichen Farben verwittern, die auf dem Bild auch sichtbar sind. Solch geradezu hellweißes Lavagestein — kieselsäurereiches Gegenstück zum schwarzen kieselsäurearmen Basalt, erhielt nach den Liparischen Inseln im Mittelmeer den Namen ,,Liparit". Aber gerade solch Liparitlavastrom bildet bei sehr rascher Erkaltung eine Kruste tiefschwarzen vulkanischen Glases, des Obsidian, was man hier bei Landmannalaugar in der herrschenden Vielseitigkeit der Gesteine erleben kann.

SEITE 8 *Schuttstrom am Anstieg des Küstenkliffs*
Aus der begrünten Küstenebene steigt hinter dem Haus das Küstenkliff auf. Eindrucksvoll ist hier der Schuttstrom der verwitternden Palagonitformation, deren schichtige Ausbildung noch oben heraussieht.

SEITE 10/11 *Schmelzwassersee mit Eisbergen vor dem Breidamerkurgletscher des Vatnajökull-Randes*
Wir stehen vor der Eismasse des Vatnajökull, die mit dem 20 km breiten Breidamerkurgletscher in die Küstenebene absteigt. Der Eisrand hinter der Wasserfläche ist schwarz vom austauenden Gesteinsschutt aus schwarzem Basalt. Ebenso schwarz zieht sich am linken Bildrand über den Gletscher schräg ein Mittelmoränenstreifen herunter.
Das Bild wird beherrscht von dem Schmelzwassersee, der sich vor dem Eisrand gebildet hat in der Eintiefung — 130 m tief — die einst die vorstoßende Eiszunge ausgeschürft hat und mit aufgestauchten Moränenbögen umgab. In den See ,,kalbt" der abbrechende Gletscher und setzt Eisberge ab.

SEITE 12 *Heiße Dämpfe aus dunkler Lavamasse, Eldfell*
Hier haben wir das sichtbare Zeichen der immer noch währenden Hitze im Lavastrom vom Ausbruch 1973. Stellenweise ist die Hitze noch durch die Schuhsohlen spürbar, und das noch, obwohl bald ein Jahr zehnt nach dem Ausbruch verstrich. Diese Hitze, die einige Zehner von Metern in der Tiefe Wasser zum Sieden bringt, wird jetzt mit Bohrungen, einem Röhrensystem und Wasserumlauf dazu benutzt, die ganze Stadt ,,geothermisch" mit Zentralheizung zu versehen.

SEITE 15 *,,Stricklava" — Almannagjá-Schlucht*
,,Stricklava" nennt man diese Absonderungsform, in der sich oft die Oberfläche eines erstarrten Lavastromes zeigt. Es sieht aus, als wenn Schiffstaue parallel zueinander gelegt sind. Diese Ausbildung hängt mit dem Vorgang der Erkaltung des Lavastromes zusammen. Die Oberfläche wird zähflüssig, während darunter die Lavamasse noch beweglicher ist. So schiebt sich die Oberfläche zu diesen Wülsten zusammen, die wie Schiffstaue aussehen. Die Fließrichtung der Lava geht senkrecht zu den Wülsten in ihre bogige Krümmung hinein. Hier kommt sie also von der linken Seite des Bildes. Zugleich zeigt sich das Aufreißen bei der Erstarrung, denn ein solcher gezackter Riß geht oben quer durch das Bild. Hier hängen solche klaffenden Spalten auch mit der Dehnung an der Almannagjá-Spalte, in Thingvellir, zusammen. Unter der Stricklava-Oberfläche ist Säulenbasalt.

SEITE 16/17 *Abhang des Eldfell — Insel Heimaey*
Der Aufstieg auf den Eldfell bringt den Überblick über das vulkanische Geschehen von 1973. Das Bild zeigt den Blick nach Nordost auf das Festland. Unvermutet und unangekündigt öffnete sich hier die Vulkanspalte. Feuersäulen schossen auf und schon quoll schnellflüssige Lava empor. Die Lava wälzte sich über die ersten Häuser. Die Stadt versank unter Asche wie einst Pompeji und Herculaneum. Die größte Sorge war es, daß die Lavaströme, die sich zischend mit riesigen Dampfwolken in die Hafeneinfahrt ergossen, diese blockierten und damit die Existenz des sturmsicheren Fischereihafens von Heimaey vernichteten. Wochenlang wurden mit Batterien von Feuerwehrspritzen die Front des Lavastromes gekühlt. Vielleicht zum ersten Mal in der Menschheitsgeschichte brachte hier menschliche Gegenwehr eine Lavamasse zum Stillstand. Am 26. Juni 1973 war der Ausbruch zu Ende. Jahr für Jahr war zu erleben, wie aus der Asche gegraben die Stadt wieder entstand. Hier im Bild richtet sich der Blick vom Lavastrom am Abhang des Eldfell auf den Südrand des Festlands von Island hinter dem trennenden Wasser. Neben dem gezackten Block des Vordergrundes schimmert am Horizont weiß aus der Wolkendecke die Eiskuppel des Eyjafjallajökull am Myrdalsjökull. Rechts von der schwarzen Lavamasse am linken Bildrand ragen die grünen Felsenkuppen an der Hafeneinfahrt von Heimaey, die damals so gefährdet war.

SEITE 19 *Brandung an den Felsen des Südkaps Dyrholaey*
Weiß schäumt und spritzt die Brandung hoch an den schwarzen Lavafelsen von Dyrholaey, dem Südkap von Island. Diese Brandung entwickelt auch die Kraft, in diesen Felsklotz, der einstmals Insel war, ein Brandungstor hineinzuschlagen, das diesem Südkap von Island den Namen ,,Türfelsen" (Dyrholaey) gab.

SEITE 21 und *Schmelzwasserstrom vor dem Langjökull*
SEITE 60/61 *Blick auf die Ebene vor dem Myrdalsjökull*
Fast ebenso eindrucksvoll wie das Inlandeis selbst ist die schmelzwasserüberströmte Ebene davor. In unendlich verästelten Armen, die sich immer erneut wieder verlegen, breiten sich die Schmelzwassermassen aus. Überall hin verteilen sie in weiter Ebene den ausgewaschenen Sand. ,,Sandur" nennen die Isländer diese weiten sanderfüllten Ebenen, die aus den Schmelzwasserströmen hervorgehen, und das ist auch der wissenschaftliche Name für die in gleicher Weise entstandenen großen Schmelzwasserebenen im norddeutschen Tiefland, die vom Schmelzen der großen skandinavischen Inlandeismassen im Eiszeitalter herrühren. Wir kennen diese großen sanderfüllten Ebenen bei uns. Zu landwirtschaftlich armen Böden geworden gaben sie früher nur für die Schafhaltung etwas her und wurden so zu den ehemals so weiten Heidegebieten, aus denen die Aufforstung dann Kiefernwälder entstehen ließ.

SEITE 22/23 *Schneerest auf Basaltschutt am Weg nach Landmannalaugar*
Die abtauende Oberfläche des nahezu zu Firneis gewordenen Schnees zeigt die netzmaschenartige Schalenstruktur, die wir auch am schmelzenden Eis in der Eishöhle des Gletschers erblickten (Vatnajökull). Es zeigt sich auf dem Schnee eine Oberfläche, die an die windgeformten oder wassergeformten Rippelmarkennetze am Strand unserer Nordseeküste erinnert. So mag auch hier der überstreichende Wind bei dieser Formung eine Rolle gespielt haben.

SEITE 24/25 *In der Eldgjá-Spalte*
Wir stehen in der Eldgjá-Spalte, einer gigantischen Explosionsspalte, in ihrer Art die größte der Welt, in der vulkanische Explosionsherde so dicht aneinandergereiht waren, daß es zu Bildung dieser gewaltigen Spalte kam, nahezu 30 km verfolgbar in ca. 600 m Breite und ca. 140 m Tiefe. Auffallend ist die Geradlinigkeit und die totale Öde der von den Explosionen ausgeräumten Senke. Lavamassen ergossen sich bei diesem ungeheuren vulkanischen Ereignis vor ca. 2000 Jahren weit in das ganze Küstenvorland, wo sich jetzt Myrdalssandur und Medallandsandur bis zum Landbrotsvatn hin ausbreiten. Ähnliches wiederholte sich nochmals fast ebenso intensiv mit dem Lakispaltenausbruch 1783, der größten Vulkan-Katastrophe Islands in historischer Zeit.
Die Öde der vulkanischen Eldgjá-Spalte ist hier unterbrochen durch den Ofaeru-Wasserfall, der in zwei Fallstufen stürzt; bei der unteren hat sich eine ,,Naturbrücke" aus unterwaschener harter Basaltlava herausgebildet.
Wir sehen auf die nordwestliche Wand der von Nordost nach Südwest verlaufenden riesigen Kerbe. Das Aufreißen bedingte es, daß nun der Ofaerfluß, der vorher oben seinen Weg weiterhin nahm, jetzt in die Spalte herabstürzt. Zugleich lösten sich bei grabenartigem Einsinken der Spalte Parallelschollen ab und sanken vor der Wand in die Tiefe. Solche abgesunkene Scholle ist die ,,Naturbrücke" in der unteren Stufe des Ofaerufossar. Es ist dieselbe harte Basaltschicht hier wirksam, die wir am oberen Bildrand als harte Basaltlavadecke bemerken. Rechts oben können wir sogar recht gut die Abbruchfläche der eingesunkenen Scholle erkennen: Die Auflagerungsfläche der harten Basaltschicht zeigt dort ähnlich bogig geschwungenen Lauf wie unten in der Naturbrücke. Der Wasserfall hat die abgesunkene Scholle hinterspült, die Basaltdecke unterwaschen, weichere Schichten darunter weggeräumt und so die Naturbrücke geschaffen.

SEITE 27 *Wasserlauf mit bemooster Lavadecke in der Nähe der Eldgjáspalte*
Reinstes Wasser verteilt der Bach zwischen den schwellenden Polstern von Moosen und Graswuchs. Und doch sind diese Polster die Formen eines Lavastromes, und hier ist es die Lava, die vernichtend aus der Lakispalte 1783 in überwältigender Masse feurig und schnellflüssig ihren Weg durch das Skaftatal ins Küstenvorland nahm. Im Hintergrund wird der erstarrte Lavastrom in seiner Form deutlicher und am Horizont ahnt man etwas von der gezackten Kraterreihe der Lakispalte.

SEITE 29 *Vogelspuren auf Quellmoorvegetation*
In der dichten Vegetation des Quellmoores haben sich die Spuren von Vögeln markiert.

SEITE 30/31 *Das Canyon des Gulfoss*
Milchigweiß ist das Wasser, das im Felscanyon strömt, denn es ist Schmelzwasser des Langjökull, das von der Hvitá, dem ,,weißen Fluß", heruntergebracht wird und im Gulfoss über die Fallstufen stürzt. Mit rückgreifender Erosion durch die Hebung Islands nach dem Abschmelzen der lastenden Inlandeisdecke ist das Canyon eingeschnitten und der ,,Goldene Wasserfall", der Gulfoss, hat sich dabei fortschreitend rückwärts, d. h. stromaufwärts verlegt. Deutlich sind in der Wand des Canyons die beiden Säulenbasaltdecken zu sehen, die am Wasserfall die beiden nahezu rechtwinklig zueinander stehenden Fallstufen bewirken, getrennt von geschichteten Fluß- und Moränenschottern, und solche geschichteten Schotter sehen auch im oberen Bildteil im Canyonbett unter dem tieferen Säulenbasalt noch hervor. Sehr aufschlußreich ist das für den erdgeschichtlichen Ablauf: Zwischen die Ablagerung der Fluß- und Moränenschotter schob sich immer wieder als großes vulkanisches Ereignis der Erguß einer Säulenbasaltlavadecke hinein. Am unteren Bildrand dehnt sich zwischen oberem Säulenbasalt und dem unteren in der Schichtstufe der Flußschotter eine breite Terrasse.
Sehr auffallend im Luftbild ist die merkwürdige geradlinige Streifung der linken Bildseite. Sie verläuft genau in der Richtung SW-NO, also der Dehnungsspalten, mit denen der isländische Zentralgraben, die jungvulkanische Zone, aufreißt. So sind die braunen Streifen Schlackenlavarücken über den Dehnungsspalten, dazwischen die schwachen Senken begrünt. Auch das Canyon ist in seinem Verlauf durch solche Dehnungsspalte bedingt, hat daher annähernd den gleichen Verlauf wie diese nur im Luftbild so deutliche Streifung.

SEITE 33/34 *Rasengedeckte Hütten von Nupstadur*
Unter dem ragenden Kliff dieser Südküste aus bräunlich-erdigem Palagonit und deckendem Fels aus Basalt ducken sich die rasengedeckten Hütten von Nupstadur.
Nur die Giebelwand der Einraumhütten mit Fenster und Tür ist aus Holz, sonst alles geschichteter Stein und gestochene Soden aus Rasen, die über dem Dach wieder miteinander verwachsen. Holz in sparsamster Verwendung, denn Holz ist Rarität. Keinen Baum gab es auf Island, aus dem Bretter gemacht werden konnten. Forstliche Anbauversuche nutzbarer Bäume gibt es wie bei Hallormstadur erst jetzt in neuester Zeit. Von der ersten Landnahme an mußte alles Holz über das Meer herantransportiert werden außer dem Treibholz, das günstige Meeresströmung von den Wäldern Sibiriens an der Nordküste anlanden ließ.

SEITE 35 *Wulstiger Lavastrom mit Moospolster (Skaftareldarhaun)*
Unter dem Moos verbirgt sich die wulstig erstarrte Oberfläche des gefährlichsten Lavastromes, der sich beim Ausbruch der Lakispalte 1783 in die Täler ergoß und als Skaftareldarhaun die ganze Küstenebene überfloß. Wie einst in vorhistorischer Zeit die Eldgjáspalte, so öffnete sich 1783 mit nahezu 115 Feuerbergen in der Länge von 25 km die

Lakispalte und förderte den größten Lavaerguß, der je in historischer Zeit geschah. Grauenhaft nicht allein durch die Ströme feuriger schnellflüssiger Lava, sondern mehr noch durch begleitende giftige Gase von Schwefelsäure und Fluor, die die Schafherden und alle Weidegründe vergifteten. Es war die größte vulkanische Katastrophe Islands. Die Lebensgrundlage der Bevölkerung schien vernichtet, und die dänische Regierung erwog, Island aufzugeben und der Bevölkerung anderwärts Raum für Siedlung zuzuweisen.

SEITE 36 *Blick auf einen gespaltenen Bergzug, mit dem Anschnitt einer Basaltlavadecke*
Sichtbar ist, sich quer durch das Bild hindurchziehend, eine aufgespaltene Basaltlavadecke. Das unterlagernde Gestein ist Palagonitformation, die mit Schuttbildung in das Spaltental abstürzt. Es ist der Rand der Eldgjáspalte in ihrer Verlängerung nach Südwest. Im oberen Bildteil wird über den Berghang hinweg das Vorland sichtbar mit weichem Hang aus Palagonitgestein, in das abfließende Niederschlagswässer tiefe und zahlreiche Rinnen eingefurcht haben.

SEITE 38 *Kliffküste am Südrand von Island*
Eindrucksvoll steigt die Kliffküste Islands am Südrand empor. Die Meeresbrandung schlug einst an diese Kliffküste an und ließ den Schuttstrom entstehen, der sie umgibt. Hebung des Festlands hat jetzt die Strandlinie verlegt und vor dem Kliff die weiten, schmelzwasserüberströmten Ebenen entstehen lassen. Die Gesteine des Kliffs sind eine vulkanische Formation, die einst unter Eisbedeckung entstand, als die Inlandeisausdehnung ganz Island überdeckte. Unter dem mächtigen Mantel aus Eis ergoß sich das aufdringende Magma nicht in den Luftraum sondern kam unter Eis im aufgeschmolzenen Wasser sofort zur Erstarrung. Lava wurde zu vulkanischem Glas, das bei der rasanten Abkühlung in Splitter zerplatzte und sich mit Lavafetzen und ausgeschleuderten Aschen zu geschichteter Ablagerung häufte. Mineralische Umsetzungen der glutheißen Masse im Wasser und die ausgeworfenen Aschen gaben ein rasch verfestigtes körniges Gestein mit vielgestaltigen eckigen Brocken aus schwarzem splittrigem Glas und basaltischer Lava. Ganz anders wie ausgeflossener, zu harter Decke erstarrter Basalt, verwittert es erdig und bildet Schuttmassen, die am Steilhang gehäuft seinen Sockel mit schräg ansteigender Halde verhüllen. „Palagonittuff" nennen wir solches Gestein.
Über der Palagonitformation liegen eingeschaltet und überdeckend harte Basalte. So kommt das eindrucksvolle Profil dieses Massivs zustande: Der begrünte Abhang aus Verwitterungsschutt und steil aufsteigend die Wand des gewaltigen Felsens.

SEITE 40/41 *Schwarzer Strandsand bei Dyrholaey*
Hellweiß überströmen die Zungen der Strandwellen den tiefschwarzen Sand. Was an Sand von den Schmelzwassermassen vor den Inlandeisgletschern dem Meer zugeführt wurde, halten sie weiter in Bewegung. Sie transportieren und formen daraus tiefschwarze Nehrungsstreifen parallel zum Küstensaum und als solchen Streifen auch die Verbindung, mit der die einstige Insel Dyrholaey landfest geworden ist.

SEITE 42/43 *Abtauendes Eis in einer Höhle*
An günstiger Stelle gelangen wir in einer Eishöhle an die Eismasse heran. Überall um uns tropfendes Wasser. Schmelzen und Verdunstung schaffen die wulstigen und schaligen Formen, die für das tauende Eis charakteristisch sind.

SEITE 45 *Wollgras*
Das Wollgras findet man in Islands Flachmoore. Auf den breiten Sohlen, der von den Inlandeisgletschern weit ausgehobelten Trogtäler haben sie ihre Verbreitung. Das in den Talhängen rasch versickernde Wasser sammelt sich in den Talböden zu nahem Grundwasserstand und gibt damit Anlaß zur Moorbildung.

SEITE 46 *Papageientaucher*
Auch sie gehören zum Erlebnis des Südkaps Dyrholaey. Zusammen mit den Dreizehenmöwen sitzen sie an der Felskante. Sie brüten aber nicht auf den Felsgesimsen, sondern in Höhlen und meterlangen Gängen, die sie sich unter der Grasnarbe graben. Ungefähr taubengroß, gehören sie zur nordischen Gattung der Alken.
Ihre Brutplätze sind Naturschutzgebiete, doch ist ihre Vermehrung reichlich, daß sie zu bestimmter Zeit und in bestimmtem Maß zum Fang freigegeben werden. Insbesondere gilt das für die Westmännerinseln, wo das mit Netzen geschieht und zum Volkssport geworden ist. Die schönen Vögel sind Delikatesse. Man ist betrübt bei diesem Gedanken und wünscht ihnen dauernden Schutz.

SEITE 47 *Blüte des Weidenröschens*
Eine höhere Pflanze streckt uns hier ihre lilarote Blüte entgegen. Es ist das Weidenröschen in seiner arktischen Abart, eine der schönsten Blumen auf den steinigen Böden der Flußläufe Islands.

SEITE 49 *Basaltsäulen — Svartifoss bei Skaftafell*
Wie Architektur erscheinen im Bild die Basaltsäulen. Die Regelmäßigkeit dieser vieleckigen Säulen läßt an Kristallformen denken, doch das trifft nicht zu. Basalt ist nicht ein Mineral, sondern ein Gestein, ein Gemisch zahlreicher Mineralien, die nur durch rasche Erkaltung so feinkörnig ausgeschieden und miteinander verwachsen sind, daß der Basalt als einheitliche Masse erscheint. Der Basalt ist ein rasch erkaltetes vulkanisches Oberflächengestein. Die Bildung dieser vieleckigen Säulen ist weiter nichts als eine Absonderungsform. Erkaltung bedeutet zugleich Schrumpfung der Lavamasse und hier tritt das gleiche Phänomen ein, was wir als „Trockenrisse" auf dem schrumpfenden Ton eines eintrocknenden Tümpels beobachten, oder auf dem trocknenden Wattenschlick unserer Nordseeküste. Auch diese Trockenrisse sondern ganz ähnliche, nur natürlich nicht so tiefgehende vieleckige Tonsäulen ab, und die Oberfläche erhält ein ganz charakteristisches Netzwerk aus vieleckigen Netzmaschen. Keineswegs sind die Basaltsäulen so gleichmäßig wie die Kristalle, es sind unregelmäßige Vielecke von drei- bis fünfeckigen, ja bis zu sechs-, sieben-, ja sogar achteckigem Umriß. Aber diese säulige Absonderung gehört zu den eindrucksvollsten Erscheinungen der Gesteinswelt.

SEITE 50/51 *Radialstrahliger Säulenbasalt an den Felsen der Westmännerinsel Heimaey*
Besonders eindrucksvoll ist die Erscheinung des Säulenbasalts, wenn sich die Anordnung der Säulen zu solchem radialstrahligen Muster zusammenfügt, wie es hier an der aus dem Meer aufsteigenden Felswand der Westmännerinsel Heimaey zu sehen ist.
Die Säulenabsonderung des Basalts erfolgt immer senkrecht zur Abkühlungsfläche. In einer ausgeflossenen Basaltdecke stehen die Basaltsäulen senkrecht, da die Erkaltungsfläche der Basaltdecke waagerecht ist. Sind in der Basaltdecke Bruchspalten entstanden und darin nachträglich Basaltlava aufgedrungen und erstarrt, dann liegen die Basaltsäulen waagerecht, da die Wände der Bruchspalten, an denen die Abkühlung vor sich ging, senkrecht stehen. Hier blicken wir auf die Ausfüllung einer Schlotröhre, die sehr schräg vielleicht als Seitenast eines Vulkans aufstieg. Die Schlotröhre ist rund, daher kommt es zu der radialstrahligen Anordnung senkrecht zu der umrundenden Abkühlungszone. Oben zeigt sich die Schlackenlavaausfüllung des Schlotes.
Der Säulenbasalt ist eine „architektonische Kunstleistung" der Natur. Auf Island ist sie beherrschend.

SEITE 52 *Im Gebiet der Geysirbecken*
Dampfendes Wasser staut sich stahlblau in dem Becken, das in jahrtausendelanger Verdunstung von Quellabsätzen umgeben ist. Bräunlich und weiß glänzt der Mineralsinter, der als Kruste die Quellbecken umgibt. Das alles kündet davon, daß hier die Hitze unterirdischen Magmas schon in 20 bis 50 m Tiefe das Wasser zum Sieden bringt. Wir sind im Gebiet des Großen Geysirs, der einst in periodischen Abständen die als Fontäne kochenden Wassers nahezu 60 m hoch in die Luft schoß. Jetzt erhebt nur noch der „Strokkur" im Abstand von 15 bis 20 Minuten eine schimmernde Wasserglocke, aus der dann die Wasserfontäne herausschießt.

SEITE 54/55 *Feuer der Hekla-Spalte bei der Eruption am 17. August 1980*
Es war ein seltener Zufall, daß der Bildautor gerade in dem Moment an der Hekla war, als sich nach 10jähriger Pause der majestätische Vulkanberg öffnete und für wenige Tage feurige Lavaströme entließ.
Mit 1491 m ist die Hekla der bedeutendste Vulkanberg Islands. Jedoch ist er nicht etwa ein Vulkankegel, wie wir Vulkanbauten aus vielen Teilen der Erde kennen. Vielmehr ist er ein langgestreckter Rücken und dokumentiert sich damit trotz seiner Berghöhe als Typ eines Spaltenvulkans, wie er allgemein den isländischen Vulkanismus beherrscht. Das ganze Island ist ja ein Stück des aufdringenden mittelatlantischen Rückens. Die jungvulkanische Zone Islands ist die Dehnungsspalte, an der dieser Rücken sich auseinanderschiebt und immer wieder aufquellende Magmamassen entläßt. So bilden sich in dieser Dehnungszone immer wieder vulkanische Spalten, daher ist Islands Vulkanismus ein Spaltenvulkanismus. Bei der Hekla hat sich aus den Spalteneruptionen ein hoher Bergrücken, eine Art Schichtvulkan herausgebildet. Am 17. August 1980 riß aus diesem Rücken erneut eine 9 km lange Spalte auf, in der Richtung des Bergrücken und aller Vulkanspalten Islands von Südwest nach Nordost. Auf dem Bild sieht man, wie die Feuerfontänen der Eruptionen an der Spalte zur Linie aneinandergereiht sind.

SEITE 56 *Vielfarbige Flechten auf einem Basaltblock*
Das nordische und feuchte Klima Islands zusammen mit dem von Gesteinsblöcken gebildeten Boden bringt es mit sich, daß hier nicht die höheren Blütenpflanzen das Bild der Vegetation so entscheidend bestimmen. Was bei uns beinahe nur versteckt lebt — Flechten und Moose — tritt hier in großer Vielfalt mit einer Fülle von Arten hervor.

SEITE 58/59 *„Lapilli" und „Bomben" mit erstem Pflanzenwuchs auf dem Abhang des 1973 entstandenen Eldfell-Kraters*
Alles, was hier liegt, war in die Luft geschleuderte glutflüssige Lava. In Tropfenform ist die in die Luft geschleuderte flüssige Lava erstarrt und in Form der Gesteinskügelchen zurückgefallen, die wir „Lapilli" nennen. Sie setzen in der Hauptsache den Vulkanberg zusammen, dazwischen liegen rot gebrannte Schlacken. Größere Lavafetzen werden zu „vulkanischen Bomben", von denen hier drei vor uns liegen. Deutlich ist die Kugelform, die sie durch die Erstarrung im Luftraum erhalten. Rechts zeigt „gedrehte" Form mit glatter Oberfläche, links zeigt die Kugel eine mehr rissige Oberfläche des zähflüssig erstarrenden Lavaballs. Auf solchem Vulkanhang versickert sogleich alles Wasser der Niederschläge in der lockeren Masse von gehäuften Lapilli und Asche. Durch diese Versickerung ist dieser Boden trockene Wüste wie so viele Gebiete Islands. Der Pflanzenwuchs hat es daher schwer, Fuß zu fassen. Blühend sehen wir hier die nordisch-maritime Art der Kamille und sich weiter ausbreitend eine Art des Andelgrases.

SEITE 63/64 *Gehöft vor Schmelzwasserstrom und Schmelzwasserebene am Skalm im Myrdalssandur*
Isländische Landschaft an der Südküste. Im Rücken des Beschauers liegt auf hohem Plateau die Inlandeiskuppel des Myrdalsjökull. Der Blick führt den grasigen Hang der Palagonitformation herunter zur Ebene des Sandur, auf dem das Schmelzwasser als Strom und in zahlreichen Armen dem Meer zufließt, das sich am Horizont ausbreitet. Schwarz sind die kiesig-sandigen Flächen des Sandur, aber dazwischen schon auf dem frischen mineralreichen Boden sich einstellendes Grasland.

Die Autoren:

Wolfgang Poeplau, geboren 1950, ist Redakteur und Filmemacher in Münster. Immer wieder wendet er sich in seiner Arbeit meditativen Themen zu. Seine Vorliebe gilt den Stimmungen der Natur, der Landschaft, des Himmels.
„Mit dem, was ich sehe, verbindet sich in meinen Gedanken Musik, und wenn ich Musik höre, sehe ich Bilder vor mir." Seit Jahren schreibt Wolfgang Poeplau Texte für moderne religiöse Lieder. Sprache hält er für einen Notbehelf, „weil das meiste von dem, was mitgeteilt werden muß, sich den Möglichkeiten der Sprache entzieht."
Seinen Urlaub verbringt er gern auf der Insel Langeoog. 1975 wurde ihm für seine Schriftstellerei und seine Arbeit im audio-visuellen Bereich der Katholische Journalistenpreis verliehen.

Conrad Contzen, Jahrgang 1943, ist Fotograf, Drucker und Schafzüchter, verheiratet mit der japanischen Geigerin Yoko Igarashi, Vater von 2 Kindern. Das Objektiv seiner Kamera macht er zu einem „Subjektiv". Seine Bilder sind keine Fassaden-Schönheiten. Das Foto ist für ihn Spiegel-Bild: Die Auseinandersetzung mit sich selbst, mit unserer Welt; dargestellt mit Sensibilität, Einfachheit und Phantasie. Die Bilder in diesem Buch sind auch Konfrontation, um die Überheblichkeit des Menschen abzublenden, als Hinweis zur Kommunikation mit der Schöpfung. Nicht demonstrativ, sondern als vorsichtiges Berühren der Dinge und Menschen, die ihm begegnen.

in Koproduktion mit Agentur des Rauhen Hauses, Hamburg, und Christophorus-Verlag, Freiburg.
Layout: Klaus Quickert, Lünen
Schrift: Souvenir, gesetzt auf Compugraphik CG 7700
Lithos: Scan-Litho GmbH, Bochum
Farben: Hartmann Druckfarben GmbH, Frankfurt
Einband: Verlagsbuchbinderei W. Berenbrock, Wuppertal-Barmen
Satz & Druck: Contzen, Lünen
ISBN: 3-7958-0857-x Schriftenmissions-Verlag
3-7600-0328-1 Agentur des Rauhen Hauses
3-419-52273-8 Christophorus-Verlag